아무래도 봄이 다시 오려나 보다

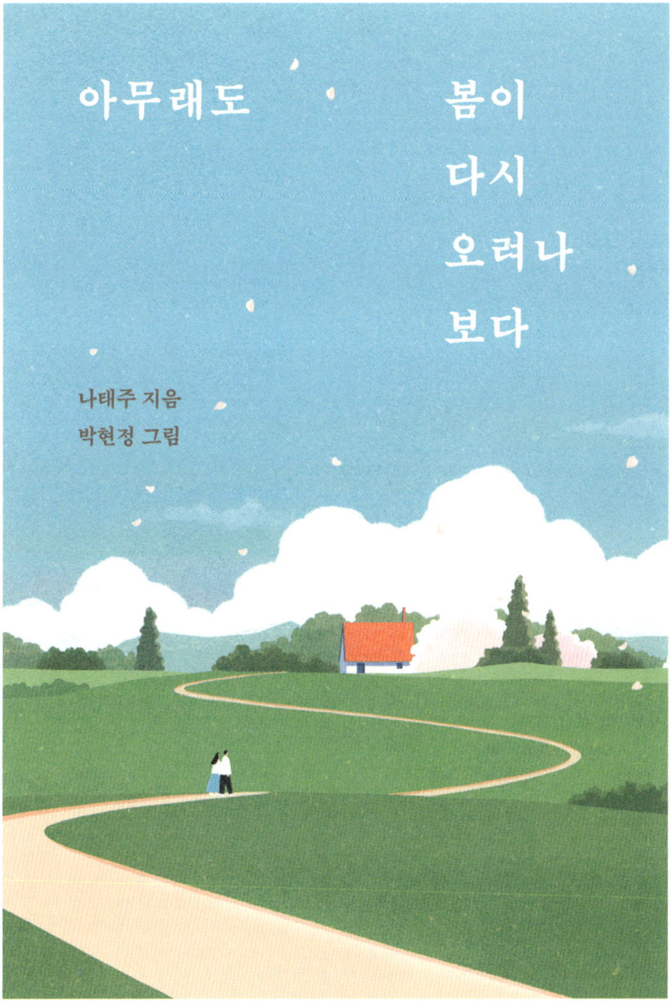

아무래도 봄이 다시 오려나 보다

나태주 지음
박현정 그림

RHK
알에이치코리아

서문

남은 길을 생각한다

여기에 길이 있다. 마을과 마을을 잇고 세상과 세상을 잇고 사람과 사람을 잇는 길. 길은 어떻게 생겼을까? 맨 처음 누군가 사람이 다니기 시작해서 생겼을 것이다. 그의 발자국이 쌓이고 쌓여서 길이 생겼을 것이다. 그 길을 따라 또 사람들은 마을로 나가고 세상으로 나가고 사람들을 만나러 다녔을 것이다.

그러나 눈에 보이는 길도 있지만 눈에 보이지 않는 길도 있을 것이다. 사람이 살아가는 길. 인생길. 마음에 난 길. 마땅히 그래야 하는 그 무엇. 실재가 아닌 당위 그 자체. 눈에 보이지 않고 손에 잡히지 않기에 사람들이 쉽게 잊어버리고 소중하게 생각하지도 않는 길. 하지만 눈에 보이는 길보다도 눈에 보이지 않는 이 길이 더 소중한 길이 아닐까.

나는 이제 아무래도 해가 저문 날. 나의 길을 생각해 본다. 지나온 길을 생각해 보고 앞으로 나아갈 길을 생각해 본다. 인생으로서의 길도 멀리 오고 문학으로 시로서의 길도 멀리 온 것이 분명하다. 이만 여기쯤 주저앉을까. 그냥 주저앉아 쉬어버릴까. 슬그머니 그런 생각이 나다가도 아니지, 그건 아니지, 그런 생각에 다시금 자리에서 일어나 다시 갈 길을 생각해 본다.

 그러나 나의 앞으로의 길은 그다지 많이 남지 않은 길이다. 예전엔 10년을 가슴에 묻고 살았다. 그래. 좋다. 앞으로 10년만 이 일을 해보는 거다. 그런 다음에도 아무런 변화도 없으면 그때 그만두는 거다. 그렇게 10년, 10년을 살아서 오늘이 되었다. 하지만 이제 내게는 그 10년이 쉽게 허락되지 않는다. 그래서 이제는 5년, 5년만 견뎌보자, 그렇게 생각하며 그렇게 말을 한다.

눈을 들어 바라보면 앞장서서 가는 이들의 모습이 점점 성글어진다. 얼마 전까지만 해도 보이던 사람들이 어느 사이 보이지 않는 것이다. 그뿐 아니다. 나와 함께 지근거리至近距離에서 숨소리를 나누며 가던 이들의 발소리도 들리지 않는다. 어찌하나? 이를 어찌하나? 점점 귀가 적막해진다. 나의 입도 따라서 자주 다물어진다. 다만 외로운 것이다.

하지만 나는 오늘도 남은 나의 길을 생각한다. 10년이 아니라도 좋다. 설사 5년이 허락되지 않는다 해도 어쩔 수 없는 노릇이다. 문제는 내가 열심히 나의 길을 가느냐, 가지 않느냐에 있다. 다시 한 발 한 발 발걸음을 앞으로 내밀 때, 나의 아침은 여전히 눈부시고 나의 저녁은 여전히 눈물겹도록 아름답지 않은가! 아침과 저녁 사이 낯선 길에서 만나는 사람들은 얼마나 또 선량하고 정다운 사람들인가!

잠시, 이 시집은 초라하고 작은 시집이지만 그 눈부신 대로 눈물겨운 나의 길 위에서 만나는 사람들과 주고받은 마음의 조각, 그 흔적들이 모여서 만들어진 시집이다. 다시 한번 내가 살아온 세상, 내가 만난 사람들, 내가 스쳐온 나의 길에 감사하는 심정이다.

2025년 초가을
나태주 씁니다.

차례

서문 남은 길을 생각한다 4

1
그대는 봄, 겨울이라도 봄

잠시라도 18 · 재채기 19 · 벚꽃 아래 20 · 그대 22 · 존칭어법으로 24 · 축복 25 · 새벽 문자 26 · 봄은 혼자 오지 않는다 · 1 29 · 꽃피는 날 30 · 꽃집 앞 31 · 마음 멀리 32 · 사랑 34 · 선물 36 · 묵언 37 · 봄인 너에게 38 · 미리 온 봄날 39 · 그렇게 하자 40 · 오늘의 축복 41 · 첫눈 42 · 광안대교 43 · 달님에게 46 · 자작나무 숲 48 · 멀리 안부 50 · 꽃 핀다 52 · 봄이 전화하게 했나 봐요 54 · 봄이다, 당신이 오네 56 · 부산역 · 2 59 발 60 · 구름이 좋다 62 · 첫 사람 64 · 까치발 66 · 시인에게 67 · 보고 싶어요 68

2
하늘의 별에게 길이 있듯이

짧은 발 74 • 디딤돌 76 • 오래된 충고 78 • 서로 웃었다 80 • 천사의 눈 81 • 떠돌이별이 아니다 82 • 서로의 부탁 85 • 세상의 딸들에게 86 • 여행 88 • 오늘의 일기 89 • 유효한 것들 90 • 하루 92 • 기적의 사람 94 • 언제입니까 96 • 길·1 100 • 세 가지 102 • 시 103 • 하나 104 • 세 가지 선물 105 • 꽃필 때 107 • 어떤 문답 108 • 나무 어른 109 • 경계 110 • 나에게 111 • 길·2 113 • 천국의 문 114 • 귀를 씻으며 115 • 되찾은 향기 116 • 첫눈처럼 118 • 많이 낡았다 119 • 늦게 온 가을 120 • 딸에게 주는 시 122 • 회복기 124 • 꽃들의 행렬 125

3
천천히 아내 이름을 길게 불러보고 싶다

꿈속 같다 130 • 동백꽃 아래 132 • 이 집에는 133 • 부산역·1 134 • 마지막 말 136 • 만개 138 • 워낭 소리 140 • 상사초 141 눈발 142 • 명절 144 • 나무들처럼 145 • 새소리 148 • 노부부 149 • 저문 날 들길에서 151 • 오래된 그림·2 154 • 당신이란 말 156 • 동행 158 • 가정 159 • 아내를 위한 기도 162 • 지금은 엄동 164 • 안녕 안녕 166 • 여름 한낮 169 • 몇 년 170 • 종일재가 172 • 고향 집 동백 174 • 들판 쪽으로 176 • 비애 178 호스피스 179 • 몰랐던 사람처럼 180 • 우두커니 182 • 불을 켜 놓고 잠들며 184

4
마음만은 그 자리 나란히 세워두기로

더는 묻지 않았다 190 • 행복 191 • 화양연화 192 • 11월에 만나요 194 • 오래된 그림·1 196 • 부산역 플랫폼 198 • 멀리서 199 • 지구 여행길 200 • 중년 시절 202 • 책의 정자세 205 공터 206 • 동행 208 • 낡은 옷 209 • 더 걱정 210 • 새해 들어 211 • 마주 보며 212 • 자연사 213 • 낯선 기차역에서 216 이소 220 • 볕 바른 창가 222 • 인생 실수 224 • 환절기 225 꿈길에 226 • 자다가 깨어 227 • 멀리 주신 말씀 228 • 나무에게 231 • 우체통 232 • 점점 혼자다 233

5
좋은 사람 한 사람 찾아온 날에

예쁘다 238 • 미루나무 239 • 오르골 240 • 멈춘 자리 241 • 봄은 혼자 오지 않는다·2 242 • 안부 243 • 걸어갑니다·1 244 • 걸어갑니다·2 246 • 찬양 247 • 별밤에 248 • 이쁘다 250 • 꿈꾼다·2 254 • 콩나물국밥 256 • 자연 258 • 오랜 사랑 260 • 제주 카멜리아힐 262 • 영춘화 263 • 축도 264 • 제민천 266 • 풀꽃문학관에 바란다 270 • 네가 그대로 272 • 모퉁이길 275 • 까닭 276 • 달항아리 277 • 80의 꿈 278

그대는
봄,

겨울이라도
봄

잠시라도

만나자
잠시라도 만나자

서둘러
줄 것이 있어서 그래

아니야,
잠시라도 보고 싶어서 그래.

재채기

꽃철이면 오는
재채기

지구 끝 멀리 누군가
나를 생각하는가?

내가 그리워
내 얘기하며

그도 또한
재채기하는가?

벚꽃 아래

벚꽃 피었니?
니 마음에도
벚꽃 피었니?

내 마음엔 벌써
올해의 벚꽃이 폈다가
지고 있단다

서럽지도 않은 하늘에
훌훌 옷을 벗으며
훌쩍이고 있단다

일찍 찾아온 벚꽃
열흘도 훨씬 전에
일찍 찾아온 손님

떠나보내며
손을 흔들며 멀리
너에게도 손을 흔든다.

그대

그대는 봄
겨울이라도 봄

그대 생각하기만 하면
언제라도 가슴에
꽃이 피니까…….

존칭어법으로

비 오시는 날인데도
벌 님 한 분
꿀 찾으러 오셨네

양달개비 꽃잎
파란 꽃술 속으로
벌 님 한 분
탁발하러 들어가시네

잠시 뜨락도 환하고
미소 짓는 듯
편안하시네.

축복

왜 기쁜 일인데
눈물이 날까요

왜 반가운 사람인데
눈물이 글썽여질까요

눈물은 마음의 보석
눈물은 영혼의 증거

그 눈물 그대 인생 끝날까지
그대를 인도하기 바란다.

새벽 문자

며칠 동안 네 목소리 못 들어서 섭섭
잘 있지?
신학기 학교 일 아이들 일
신경 쓰이겠지?
힘들어도 참자
힘들면 한 걸음 한 걸음을 생각해 봐
한 걸음 한 걸음 하다 보면 아주 많은 걸음이 되고
그 한 걸음 한 걸음이 모이면
사막의 모래밭도 건널 수 있다고 믿어봐
그리고 네가 가는 길을
누군가 함께 가 주고 있다고 생각해 봐
새벽 시간이야

이제 그만 잠자리에 들고

아침 밝은 햇빛 속에서 숨 쉬면서 멀리 깨어

느끼자 생각하자

잘 있겠지

잘 있을 거야

잘 있어야 돼.

봄은 혼자 오지 않는다 · 1

요즘 문학관에 혼자 찾아오는
손님들 늘었다
그것도 젊은 여성 손님
먼 데서 왔다고 한다
사는 일보다는 마음이
고달파서 왔노라 한다
급히 속내를 내보이다가
자칫 울컥, 눈물 바람!

올해도 봄이 오기는 오려나 보다.

꽃피는 날

바람도 안 부는데 왜
마음이 흔들리나?
왜 글씨 쓰는 손끝이
까닭 없이 떨리나?
아마도 꽃밭에 새로운
꽃 한 송이 피어서
그런가 보다
너의 생각 문득 가슴에
샘물 고이듯 고여서
그런가 보다.

꽃집 앞

너한테도
눈이 왔다가 갔니?
겨울도 왔다가 갔고?

그다음은 봄이야
네가 봄
봄꽃이야

이제 네가 피어날 차례
네가 피어나기만
하면 돼.

마음 멀리

전화를 걸면
잘 있느냐고
잘 있으라고

바람에겐 듯
구름에겐 듯
꽃잎에겐 듯

전화를 걸면
너 때문에 산다고
지금도 생각한다고

하늘에겐 듯
산악에겐 듯
강물에겐 듯

끊임없이
작은 소리로
속삭임 하나로

하늘은 맑고
구름은 높고
마음은 멀다.

사랑

나는 너 때문에 산다
네가 웃으면 나도 웃고
네가 울면 나도 울고
네가 꽃 피면 나도 꽃 핀다

네가 태양이라면
나는 너의 해바라기꽃
네가 달님이라면
나는 너의 달맞이꽃

그렇지만 너는
나 때문에 살지 말고
너 때문에 살아라
그것이 내 사랑이란다.

선물

조그만 손
늘조막손
받아주신
고마운손.

묵언

    네가 조금
    보고 싶다

    내가 슬슬
    배고파지나 보다.

봄인 너에게

기다릴게
오래오래
더 늦게 와도 좋아

기다릴게
더 오래오래
오기만 하면 돼

와서는 잠시만
있다가 가도 좋아
그래도 네가 좋아.

미리 온 봄날

하늘을 올려다본다

하늘은 여전히 흐리고
바람은 여전히 차지만
마음은 미리 온 봄날

하늘 한가운데
숨 가쁘게 혼자서
달려온 너

어떻게 살았니,
어떻게 살았어?
나 보고 싶어 왔구나

가슴 쓸어내린다.

그렇게 하자

어느 날 딸아이 보내준
짧은 문자
아버지 오래오래 있어 줘
그래그래 그렇게 하자
답장을 썼지만
그 또한 눈물 나는 일
그래그래 그래
그렇게 하자.

오늘의 축복

거기 밤이 깊어갑니다
오늘의 일은
오늘의 일로 만족,
놀란 가슴 쓸어내리며
편히 주무세요
이것이 오늘의 축복입니다.

첫눈

창 하나 사이에 두고

창밖에서
네가 울고 있는 것이냐?

창 안에서
내가 울고 있는 것이냐?

광안대교

슬픈 일 없고 실연당한 일 없어도
울고 싶다고요?
소리 내어 꺼이꺼이
길 떠난 두루미처럼 그렇게
울고 싶다고요?

불빛이 너무 예뻐서
불빛에 비단 피륙 휘감은 다리
불 속에 비친 알몸이 너무나도 서러워
슬픈 일 없이도 울고만 싶다고요?

내가 옆에서 함께 울어드릴게요
당신의 거짓말이 너무도 귀여워서
내가 옆에서 밤을 같이 새워 드릴게요.

달님에게

많이 외로웠던가 봐요
많이 힘들었던가 봐요
나무 아래 앉았는데
달님이 떴어요
달님은 보름 달님

누군가를 생각했던가 봐요
그리워했던가 봐요
눈물 조금 글썽이고 있는데
달님이 가슴 속으로 들어왔어요
달님도 외로웠던가 봐요

지금부터 내가 함께 있어 줄게요

달님이 말했어요

그날부터 나는 달님이 되었어요

달님은 또 내가 되었어요.

자작나무 숲

자작나무
밑동이 굵고 하늘 높이 치솟은
자작나무를 안고
눈을 감으면

가슴이 열려
하늘만큼 바다만큼
가슴이 열려
흰 구름의 숨소리를 듣다가

새소리
숲의 지절거림을 듣다가
드디어 별의 이야기를 듣는다

잘 있었느냐고
앞으로도 잘 있으라고
기다려 줘서 고맙다고

자작나무 숲
얼룩얼룩 성근 나뭇잎을 비춰
발밑에 서걱대는
햇빛을 밟으며

자작나무 숲에 들어
밑동이 굵은 자작나무 하나를
가슴으로 안으면.

멀리 안부

꽃이 피기 시작했니?
꽃이 지기 시작했니?

아니,

내 마음이 피기 시작했니?
내 마음이 지기 시작했니?

멀리 안부를 묻는다.

꽃 핀다

꽃은 예쁘기만 해서 예쁜 게 아니라

예쁘다고 생각해 주어서 더욱

예쁜 게 아닐까?

꽃은 사랑스럽기만 해서 사랑스런 게 아니라

사랑스럽다고 느껴주어서 더욱

사랑스런 게 아닐까?

예쁘다고 생각해 주고

사랑스럽다고 느껴주면

사람도 꽃

그대는 더욱 예쁘고 사랑스러운 꽃

꽃 핀다 꽃이 핀다
예쁘다고 생각하는 나의 생각 안에서
사랑스럽다고 느끼는 나의 느낌 안에서

꽃 핀다 몇 번이고 거듭
그대도 꽃이 핀다
거듭거듭 꽃으로 피어난다.

봄이 전화하게 했나 봐요

예쁜 사람 고운 사람
예쁘고 고운 목소리로
전화했어요

햇빛이 달라지고
바람이 달라져서
마음도 팔랑팔랑
날리고 싶어 하는 날

창문 열고 앞산 보고 있을 때
예쁜 사람 고운 사람
뜬금없이 전화했어요

아마도 봄님이 사람 시켜
자기가 왔다고
전화하게 했나 보아요.

봄이다, 당신이 오네

봄이다, 보자
숨을 멈추고
좀 멀리 보자

봄이다, 걷자
마음을 달래며
좀 천천히 걷자

보이지 않을까?
이적지
보이지 않던 것들이

들리지 않을까?
이제금
처음 태어나는 소리

저만큼 오네
처음 보는 사람
그러나 오래
보고 싶었던 사람

당신이 오네.

부산역 · 2

오래오래 안아본다

사랑한다

사랑한다

너의 몸보다

너의 숨결을 사랑하고

너의 숨결보다

너의 영혼을 더 사랑한다

나이 먹지 말거라

아프지 말거라

걱정 근심 너무 많이 하지 말거라

지나는 바람이 알아듣는다

바람도 바다 비린내

향기를 머금었다.

발

꽃 같네, 꽃잎

그 발로 어디든 가거라

바다를 건너고

산맥을 넘고

하늘 흰 구름 밟고

어디든 가서

흔들리지 말거라

넘어지지 말거라

아니야, 낭창낭창

흔들렸다가 다시

일어서거라

손안에 들어오는

작고도 하얀 발

부끄럼 타지 않고

간지럼 타지 않는 발

어디든 가서 꽃이 되거라

꽃잎 되어 피어나거라.

구름이 좋다

여름은 덥고 힘들지만
그래도 나는 여름이 좋다
여름이 오면 진초록
나무와 풀을 볼 수 있고
진초록 들판과 산을 볼 수 있어서

더구나 여름에 만나는 구름이 좋다
여름의 구름은 힘센 젊은 구름
흰 구름도 좋고 먹구름도 좋아

흰 구름 보면 먼 마을이 떠오르고
먼 마을에 사는 눈썹이 검고
얼굴이 새하얀 소녀가 떠오르고

먹구름 보면 소낙비 소낙비 맞고
씩씩하게 피어나는 장독대
봉숭아꽃 분꽃이 떠올라서 좋다

아 먹구름 속엔 나의 어린 날
어머니 젊으신 어머니 있고
그 곁에 외할머니 쪽 찐 머리
외할머니도 조그맣게
웃고 있을 것만 같아서 좋다.

첫 사람

당신은
내가 사랑하는 나를
가장 많이 사랑해 준
첫 번째 사람입니다.

까치발

비 오다가 말다가
바람 불다 말다가
하늘 높고 맑은 날
기지개를 켜면서
고개 멀리 돌리면
너의 얼굴 보인다
코끝 너의 숨소리
들리는 듯 마는 듯
흰구름 높은 날은
더욱 너 보고 싶어
까치발을 세운다.

시인에게

새들은 외로워서
한낮이면
하늘 높이 날아올라
노래하고 춤을 춘다

꽃들은 서러워서
아침이면
이슬 속에 꽃을 피워
세상 보고 웃고 사람 보고 웃는다

그대
새처럼 외로워 보고
꽃처럼 서러워 본 적 있는가?
새들에게 묻고 꽃들에게도 묻는다.

보고 싶어요
_옥천 안터마을 선사유적지 '얼굴돌'

보고 싶어요
초승달 고운 눈썹
함박꽃 예쁜 웃음

그러나 다시는
만날 수 없으니
이를 어쩌나요?

아기 엄마 되는 순간
잘못되어 당신
세상의 생명 줄 놓았지요

보고 싶어요
보고 싶은 마음
마음의 돌 거울에 새겨요

천년, 다시 천년
아니 만년, 다시 만년
우리 다시 만나게 되는 날

모른다 하지 말기예요
금방 만나고 헤어진 사람들처럼
얼싸안고 울기예요.

2

하늘의
별에게

길이
있듯이

짧은 발

의자에 앉아서
발이 바닥에 닿을까 말까
귀여운 발 짧은 발

방바닥을
호숫물처럼
찰방찰방
물장구치면서

세상을 그렇게
걸어갈 수만 있다면
얼마나 좋을까?

짧아도 당당하게
예쁘게
거침없이.

디딤돌

꽃이 피기 시작하니
사람들 발걸음 소리가
달라졌다
빠르게 저벅저벅 발걸음 소리
느리게 자박자박
발걸음 소리로 바뀌었다

둘레둘레 꽃을 보기 위해
아무래도 발걸음이 느려지고
작아지나 보다
꽃들이 주는 축복
꽃들이 주는 여유

가끔은 그렇게 우리 마음속에 피어난

꽃들을 살피기 위해

숨소리도 낮추고

생각도 좀 부드럽게

그래 보면 어떨까?

저벅저벅 빠르게가 아니라

자박자박 천천히.

오래된 충고

언제나 소중한 건
오늘 여기 이 순간
나에게 집중하며 살기

그것은 아주 오래된
충고이기도 하고
날마다 새로운
인생의 목표이기도 하다.

서로 웃었다

괜찮아 괜찮아
하도 괜찮다는 말을
많이 들어서 이제는
그 말만 가지고서는
괜찮지 않다고
당신이 괜찮음의
증거를 보여달라고

말이 막힌 내가 대답했다
내가 이렇게 한 시간도 넘게 서서
강연하는 것이 괜찮음의 증거 아니겠냐고

여고 2학년 학생도 웃고
나도 웃었다.

천사의 눈

굶고 또 굶고
버림받고 또 버림받고서도

오직 한 가지
바라는 것이 있을 때

그러나 그것이
쉽게는 이루어지지 않았을 때

누군가 좋은 사람을
바라보는 눈

하늘을 우러러
통째로 닮은 눈.

떠돌이별이 아니다

하늘 가는 별에게 길이 있는 것처럼

사람에게도 자기만이 가야 하는 길이 있다

태어나면서 하늘로부터

데리고 온 길이다

다만 그 길을 일찍이 발견하고

끝까지 간 사람이 있고

쉽사리 찾아내지 못하고 헤맨 사람이 있을 뿐이다

정말로 성공한 사람의 일생은

어린 나이에 자기의 길을 찾아내고

늙도록 쉬지 않고 끝없이

자기의 길을 간 사람의 일생

어렴풋 자기의 길을 알기는 알았으나
도중에 딴 길로 가거나
다른 사람들의 길이 부러워 기웃기웃
그 길을 따라다닌 사람과는 다르다
하늘의 별에게 길이 있듯이
저마다 사람에게는
자기가 가야 할 길이 있다
반짝인다 샛길로 빠지지 말아라
우리는 결코 떠돌이별이 아니다.

서로의 부탁

당당하게 예쁘게 거침없이
좋다!
하지만 당당하게 예쁘게 거침없이
그걸 조금만 줄이면
마음이 조금 더 편안해지지 않을까?
조금만 덜 당당하게
조금만 덜 예쁘게
조금만 덜 거침없이
그러면 힘든 것도 외로운 것도
섭섭하고 아쉬운 것도
조금씩 줄어들지 않을까?

내가 나에게 잠시 하는 말이고
너에게도 잠시 들려주는 부탁이다.

세상의 딸들에게

딸들아, 세상의 모든 딸들아
고향에 시골에 계신 엄마에게
그것도 늙으신 엄마에게
전화를 걸 때는
멋스러운 말 신식 말로 하지 말고
될수록 옛날 말로 촌스러운 말로 해다오
멋스러운 말 신식 말로 전화 걸면 낯설고 서먹해
내 딸이 아닌 것 같고
옛날 말 촌스런 말로 전화 걸면
아, 내 딸이구나

어렸을 적 귀엽고 사랑스럽기만 하던
내 딸이 돌아왔구나
그렇게 생각하시지 않겠니?
너도 나중에 너의 딸이 자라
어른 되어 전화 걸 때면 그 말이
무슨 말인지 알게 될 것이다.

여행

정들 만하고
얼굴 익힐 만하면
끝나는 일정

우리네 인생이 또한
그러하지 않을까.

오늘의 일기

서울 강남 고속버스 터미널
쓰레기통 가득
쓰레기봉투를 치우면서
콧노래 부르는
중년의 남자를 보았다
마스크를 쓰고는 있었지만
눈빛이 맑고 깊고 선했다
마음속 일기장에
오늘 나는 날개 없는 천사
한 사람을 보았다, 쓸 것이다.

유효한 것들

인생 끝날까지 유효한 것은
정직과 겸손과 근면

무엇보다도 사람은
저 혼자서 부지런해야 하고
자연과 세상에 대해 겸손해야 하고
사람과 더불어 정직해야 한다는 것

그것은 인생 끝날까지가 아니라
인생이 끝난 이후에도
여전히 유효한 것들.

하루

하루를 살았다는 건
하루를 버린 것이 아니라
하루를 번 것이다

하루를 잃은 것이 아니라
하루를 얻은 것이란 말이다

내가 산 인생만이 나의 인생
내가 본 풍경만이 나의 풍경

내가 사랑한 사람만이 나의 사람

내가 쓴 돈만이 나의 돈

그렇게 나는 오늘도 하루

잘 살았다

나의 인생 하루를 얻었다.

기적의 사람
_2025년

하, 또다시 어렵게
한 해가 왔다가 간다
여름을 견디고 가을이 오고
겨울을 이기고 봄이 다시
온다고 그런다

지구 자체가 기적이고
지구 위에서의 삶이 기적
그렇다면 우리의 하루하루
삶도 기적이고 재깍재깍
초침 위의 순간순간도 기적

정말로 그렇다면 우리 자신도

한 사람 한 사람 기적의 사람

올해도 정신 차려 잘 살아야겠다.

언제입니까

나의 문학강연은
묻지 마 문학강연

대상 안 묻고
거리 안 묻고
주제 안 묻고
강연료도 묻지 않는다

그렇지만 딱 한 가지
묻지 않을 수 없는 건 시간
언제입니까?

그것은 나에게도

중요하고

당신에게도 그러하다

언제입니까?

당신의 시간은 지금

언제입니까?

길 · 1
_대학교 새내기들에게

길은 가늘고도 멀다
이어지다가 끊기기도 하고
에움길 마을 길로 스며들어가
사라지기도 한다
그러나 길은 언제든 숨을 쉬고
언제든 다시 살아나
들판을 뻗고 산을 넘고 강을
건너뛰기도 한다
드디어 세상 끝까지 간다
세상 끝에서 다시 돌아오기도 한다
그러니 길이 끊겼다 사라졌다
걱정할 일이 아니다
차라리 네가 길을 만들어라
길을 열어라

가장 좋은 길은 네 마음속에 있는 길이다
네 마음속으로부터 출발하여
세상 끝까지 가는 길이다
부디 그 길 위에서 모두가
승리자 되어라
한 사람만 이기는 승리 아니고
모두가 같이 이기고 일등 가는
승리자 되어라.

세 가지

사기 치면 안 되는 것
세 가지

음식과 약과
그리고 글

음식은 사람을 살리고
약은 사람의 병을 고치고
글은 사람 마음을 달래주는 것이기에

작은 일이 큰일이라서
작은 실수에도 화가 난다
눈감아줄 수 없다.

시

거짓말인데
더 참말 같은

거짓말인데
더 사랑스러운

거짓말인데
더 눈물겨운

말이거나 글이거나
마음 깊은 곳에 숨겨놓은
그 무엇!

하나

너무 많다는 것은
하나도 없다는 것이다.

세 가지 선물

신은 나에게 세 가지 선물을 주셨다

지혜를 가르치기 위한 무식
겸손을 가르치기 위한 질병
근면을 가르치기 위한 가난.

꽃필 때

꽃밭에서 꽃을 길러 본 사람은 안다
꽃이 어릴 때는
꽃인지 풀인지 분간이 가지 않지만
풀과 꽃이 자라서
꽃도 꽃을 피우고 풀도 꽃을 피우면
그때서야 꽃인지 풀인지 분간이 간다
그때 요 녀석 네가 풀이구나 뽑으면 된다
그러하다 꽃이나 풀이나
꽃 필 때를 조심해야 한다
내가 여기 있어요 손 들고 자랑할 때가
가장 위험한 때인 것이다.

어떤 문답

풀꽃문학관이라면서
풀을 뽑고 계시네요

호미 들고 풀 뽑고 있는데
누군가 와서 말했다

글쎄요 풀 때문에 풀꽃을
못 볼 것 같아서요.

나무 어른

사람보다 오래 살아
사람보다 의젓하고
사람보다 속내 깊고
사람보다 생각이 많으신
어르신, 나무 어른

때로 찾아가 인사드린다

그동안 평안하신지요?

그러면 나무 어른
대답해 주곤 하신다
그래 자네도 잘 지냈는가?
견딜 만한 것을 견디는 건
견디는 게 아니라네.

경계

풀꽃, 10년 이상 돌보면서
배운 점 많다

풀꽃들은 사람이 아무리
경계를 지어 가두어도
그 경계를 뛰어넘는다는 것!

제가 살고 싶은 땅을
찾아가서 산다는 것!

풀들에겐 저들이 사는 땅이 경계이고
그들의 삶이 경계였던 것이다.

나에게

잠시, 꿈꾼 듯
살았는데
왜 그랬을까?
왜 그랬을까?
싸우고 다투고
더러는 울고 눈물 흘리고
미워하고

부은 발등으로
뒤를 돌아보며
나에게 물어본다.

길 · 2

예전엔 내가 길을 몰라
이 사람 저 사람 찾아다니며
길을 물었는데

이제는 이 사람 저 사람
멀리서부터 힘들게 찾아와
나에게 길을 묻는다

나더러 어쩌라는 거냐?

천국의 문

천국의 열쇠를 가진 사람에게 물었다
왜 당신은 나에게 천국의 문을 보여주셨나요?
당신이기에 천국의 문을 보여주고 싶었어요
이번에는 천국의 열쇠를 가진 사람이 나에게 물었다
그런데 왜 당신은 내가 보여준 문으로
나가지 않고 그 옆의 문으로 나갔나요?
네, 파란색 하늘의 창이 당신이 보여준
속임수인 것을 내가 알았기 때문이지요
그래서 바로 옆 닫혀진 문을 밀고 나왔지요
천국의 열쇠를 가진 사람이 다시 물었다
그곳으로 나갔을 때 정말로 천국을 만났나요?
아닙니다, 그곳이 바로 지금 이 세상 지구의 날들이고
나는 잠시 이곳에서 숨 쉬고 있는 중이랍니다.

귀를 씻으며

예닐곱 살 무렵 외할머니
세수를 시켜주실 때
양쪽 귀를 빡빡 씻어주면서
얘야, 귀 하나 씻는 것이
얼굴 하나 씻는 것보다
더 어렵단다
나중에 자라 그 귀로
좋은 것 맑은 것 귀한 것만
고르고 골라서 들으라고
그러셨던 것이 아니었을까?

귀를 씻으며 다시 생각는다.

되찾은 향기

나 많이 어리석어
그가 내 마음의 꽃이요
샘물임을 미처 몰랐네

그가 멀리 떠난 뒤에야
그가 내 마음의 꽃이요
샘물임을 겨우겨우
깨닫네

그렇다면 떠남도 이별도
그다지 나쁘지 않음을
알게 되네

그렇지! 향기는
가까이 만나는 것이 아니라
멀리서 멀리서 겨우
흐릿하게 만나는 것이지

향기를 되찾은 이 아침이
더욱이 좋네
더없이 가득하네.

첫눈처럼

사랑은 슬프다

더 많이 주지 못해
슬프고

더 많이 받지 못해
안타까운 마음

끝내는 한겨울
벌거벗은 마음.

많이 낡았다

세상이 많이 낡았다
자연도 낡고 인생도 낡았다
속도만 빠르다
제가 어디로 가는지도 모르고 간다
빠르게 가기만 한다
마치 흙탕물 거센 강물과 같다
끝내 몸을 풀어야 할 곳은 바다!
그래도 자기가 어디로
어떻게 가는지 생각해 보면서
가야 할 일이다
다른 강물에게 상처를 주지 말고
가도록 애쓰며 가야 할 일이다
착한 것들이 자꾸만 밀리는 세상이지만
그래도 착한 마음을
생각해 보면서 가야 할 일이다.

늦게 온 가을

비로소 은행잎 노란
은행잎 뒤집어쓴 은행나무
노랑 빗자루인 양 거꾸로 서서
하늘을 쓸고 있는 걸 보니
후유, 한숨과 더불어 안심

드디어 올해도 가을이 왔구나

가을 햇빛은 진노랑
용서와 화해의 눈빛으로
진노랑
놀라고 걱정스런 마음을
쓸어내린다.

딸에게 주는 시

와락 다가가는 게 사랑인 줄 알았다

좋아서 네가 그냥 좋아서

가까이 가서 숨소리 듣고

하나 되는 마음이 사랑인 줄 알았다

그런데 그것은 사랑이 아닌 불편

사랑이 아닌 과욕

조금은 멀리서 보고

멀리서 생각하고

네가 가는 길 축복해 주는 게

사랑이라는 걸 다시금

깨닫는다

이것은 너무나도 늦은 깨달음

이것은 너무나도 어리석은 깨달음

그래도 감사하다

이제라도 깨달아

알게 되었으니.

회복기

눈이 부신 것같이

사선으로 얼굴을 들고

반쯤만 눈을 뜨고

무슨 일인가를 하기는 해야 하는데

무언가 좋은 일이 일어날 것 같기도 한

그때가 그대 가장 좋은 때

기적의 순간

개화의 시간

두려워 돌아서지 마라

어느새 2월

하늘이 달라지고

구름의 눈빛이 달라지고

하늘과 구름을 받들고 섰는

잡목림도 조그맣게 몸을 흔들고 있다.

꽃들의 행렬

눈이 시리다 못해
눈이 아프다
여기저기 피어나는 꽃
지난해 겨울 모질게 추워
모진 맘 먹고 큰맘 먹고
눈부시게 피어나는 꽃
공주에서 서울까지
12시 고속버스 타고
차창 너머로 보이는 꽃
꽃들의 행렬
아 내가 올해도 살아
저들과 눈부시게 눈 시립게
만나는구나
눈물겹구나 감사하구나.

3

천천히
아내 이름을

길게
불러보고
싶다

꿈속 같다

외출하는 길
모처럼 겨울 햇빛 좋다며
밖으로 따라 나온 아내
함께 걷다가 다리 아파
더는 못 걷겠노라
그 자리에 멈춰서서
먼저 가라고 혼자 가라고
손을 흔든다

이게 무슨 장면의 연출이람?
꿈속 같다
꿈속에서 만나
헤어지는 사람들 같다

한참을 더 걸어오다가

돌아다보니

그때까지 그 자리에 서서 아내

손을 높이 높이 들어 흔든다

어서 가라고 어서 갔다가

길 잃지 말고

돌아오라고

더욱 꿈속 같다.

동백꽃 아래

어려서는 사랑하는 사람이
보고 싶고

나이 들어서는 사랑해 준 사람이
보고 싶어진다는 말씀

동백꽃 송이째
지는 동백꽃

두 손으로 받아서
가슴에 안습니다.

이 집에는
_공주 시장정육점 식당

해 저물어 땅거미
그림자를 지울 때
둥구나무 아래 애들이랑
노는 데 정신 팔렸을 때
아무개야 아무개야
밥 먹어라
내 이름 부르시던 어머니

이 집에는

하루 종일 들판에서
일하다가
소를 이끌고 워낭소리 함께
저벅저벅 돌아오시던 아버지
발자국 소리도 들어 있다.

부산역 · 1

부산역
갈 때마다
올 때마다
만나는 사람
어여쁜 사람
그 사람 하나로
부산역이 꽃이 핀다

동백꽃 모란꽃
그런 꽃이
아니라 사람 꽃
사철 두고
지지 않는 꽃이 핀다

안아보자

살그머니 부산역

가슴에 안아보자

오래도록 지지 않는

향기가 남으리라.

마지막 말

이담에 나 세상 떠나며
마지막 숨길 내놓을 때
무슨 말을 남기고 갈 것인가?

고마웠다
사랑했다
미안하다
그런 말도 좋겠지만 나는

천천히 아내 이름을
길게 불러보고 싶다
기임서엉예에—.

• 아내 이름은 김성예

만개

올해도 서둘러
백목련 만개

하늘 흰 구름 내려와
몸을 푼 듯 만개

지난해 또 지지난해
함께 목련꽃 보았는데

올해는
너 여기 없고

너 보고 싶은 마음만
또 흰 구름

새하얀 마음만
백목련꽃으로 만개.

워낭 소리

해 저문 들길에
절렁절렁 워낭 소리

힘겹게 일하신 아버지
집 찾아오시는 소리
아버지 함께 일한 소
함께 오는 소리

지금도 눈 감으면 들려라
내 어린 영혼 속으로
절렁절렁 워낭 소리
우리 집 소 방울 소리.

상사초

보고 싶어요 고우신 당신
듣고 싶어요 예쁘신 당신
이제는 천리만리 멀어진 당신
생각 속에 보일까 눈을 감아요
꿈에 보일까 잠이 들어요

어찌하여 우리는 이다지도
만나지 못하는 운명인가요?
그대 올 땐 내가 자리 비우고
찾아가면 그대 또한 없지요
손 내밀어요 이 손 좀 잡아주어요.

눈밭

눈이 부셔서
자꾸 눈물이 난다
내 앞에 없는 네가
너무 예뻐서.

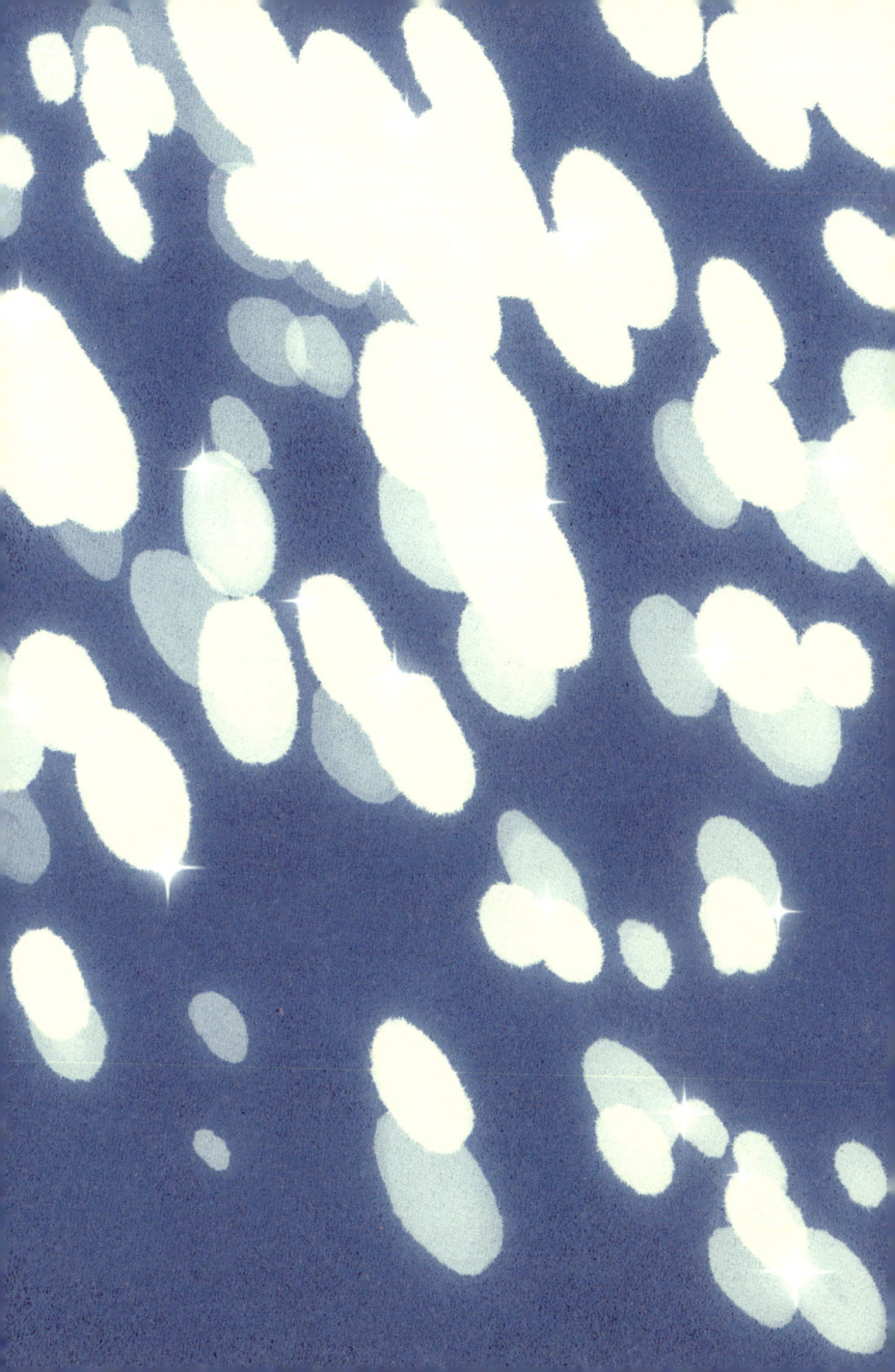

명절

여보 여보, 명절은 본래
쓸쓸한 거야
가고 싶은 곳 가지 못해
쓸쓸하고
만나고 싶은 사람 만나지 못해
쓸쓸한 거지
모두들 안 쓸쓸한 척
거짓 얼굴로 안 쓸쓸한 척
꾸미고 보내는 게
명절이 아닐까
우리 쓸쓸해도 덜
쓸쓸하게 보냅시다

나는 어려서부터
명절이 그랬다오.

나무들처럼

그냥 그 자리에
놓아두려고 한다
좋았던 사람
보고 싶어 애를 태웠던 사람
이제는 그 사람
그 자리에 놓아두려고 한다

한때는 가슴 두근거리며
만나고 싶었고
그 사람 생각이 이 세상
전부인 것처럼 가득하기도 했지만
이제 그 사람 그 자리에
놓아두려고 한다

산 위에 들쭉날쭉 뿌리내려
자라는 나무들처럼
비틀비틀 서로 몸을 비틀며
햇빛 보고 바람 숨 쉬며 살다가
그 자리에서 목숨 다하는 나무들처럼

이젠 됐다, 이만하면 됐다
우리는 충분히 사랑했고
충분히 그리워했고
아파하기도 했다

그 사람도 그 자리에서
사라질 때까지
놔두려 한다
나도 또한 이 자리에서
사라질 날을 기다려다오.

새소리

마침내 잃어버린 사랑이여

너무 멀리, 너무 높게

들릴 듯 들릴 듯

들려오지 않는 음악이여

구름의 숨소린가

바람의 발자국 소린가

잃어버렸기 더욱

잊혀지지 않는 누군가의

눈부신 고백이여

내 어지러운 앞길을 밝혀다오.

노부부

봄이 와서 꽃이 피면
반가운 게 아니라
겁이 나요
곧 뜨거운 여름이
들이닥칠 것만 같아서

늙은 아내의 푸념을 들으며 나도
섬뜩 가슴 쓸어내린다.

저문 날 들길에서

해 저문 들길에서 길 잃고 헤매는 사람이 있다면
가던 길 멈추고 그에게 길을 가르쳐주고 싶다
내게 시간의 여유가 있다면 그가 모르고 가는 길을
함께 가주고 싶다
왜 그러한가?
언젠가는 나도 해 저문 들길에서 길을 잃고
헤매는 사람이었기 때문에

그뿐이 아니지
누군가 나와 함께 길을 가는 사람이 배가 고프다 그러면
주머니에 남은 돈이라도 털어서
그에게 밥 한 그릇을 사주고 싶다
이유는 뻔하다
언젠가 나도 낯선 길 위에서 몹시 배가 고파
허기진 일이 있었기 때문에

그건 사람한테만 그런 게 아니라
저문 날 숲길에서 길을 잃은 한 마리 새나 벌레
그들에게도 그렇다
내가 그들의 집을 알지 못한다면
조용히 비켜서서 그들이 내 곁을
지나갈 때까지 기다려주고 싶다

그건 또 왜 그런가?
그들이 한때는 나였으며 이담에
내가 세상에서 사라진 뒤에도
나에 대한 좋은 생각이나 느낌을
오래 간직하며 살아갈 것을 믿기에
그러므로 세상이 조금 더 평화로워지고
아름다워지고 따뜻해질 것을 또한 알기에

이런 생각은 생각만으로도
나를 편안하게 해주고 따스하게 환하게 만들어 준다.

오래된 그림 · 2
_공부

어려서 외할머니 집에

얹혀서 살 때의 일이다

초등학교 4학년이나 5학년 때였을 게다

만화책 읽고 친구들이랑

노는 일에 정신이 팔려

학교 공부를 게을리했더니

외할머니가 그러면 당신이

죽어버리겠다고 그러시는 거였다

아, 공부란 것이 사람을

죽고 살게도 만드는 것이구나!

그때부터 나는 억지로라도 공부하는 아이가 됐고

살면서 지금까지 한 번도 시험에

떨어져 본 일이 없는 사람이 됐다

죽기 살기로 공부한 덕이고

내가 공부하지 않으면 당신이

대신해서 죽어버리겠노라 겁을 준

외할머니 덕택이다

이담에 나 죽으면 다시 어린 날

외할머니네 집에 가 살면서

호롱불 밝히고 바느질하거나

모시를 삼기도 하는 외할머니

그 곁에서 조용히 책을 읽거나

학교 숙제를 하는 초등학생 아이가 되고 싶다

하품을 자꾸만 하면

얘야, 이제 그만 자거라

외할머니 작은 목소리로 하시는 말씀 듣고 싶다.

당신이란 말

당신이란 말
내가 잘 쓰지 않는 말
돌아가신 아버지가
어머니에게 했던 말
역시 돌아가신 어머니가
아버지 부를 때 했던 말

나는 아내에게 한 번도
해보지 않았던 말
왠지 그 말은 아버지나
어머니만 써야 할 것 같아서
아껴두었던 말

지금 어머니 아버지는
저세상에 가셔서도
당신 오늘 무슨 일 할 거예요?
당신은 오늘 어디 갈 거예요?
서로 물으며 대답하며 사실까?

누군가로부터 문득 들은
당신이란 말 한마디
참 가슴이 따뜻하고 좋다.

동행

가까운 듯 먼
잘 아는 것 같지만
여전한 낯설음

이런 게 아닌데
이런 게 아닌데
그러면서 함께 가는 길

나는 아버지가 불편했고
아버지는 또 내가 불만스러웠다.

가정

집에 있기는 있지만
없는 듯 있는 아내

집에 있기는 있지만
없는 듯 있는 남편

집에 있기는 있지만
없는 듯 있는 아기

제각기 자기 일을
열심히 잘하니까

말이 없어도 서로가
서로를 생각하니까.

아내를 위한 기도

하나님, 저를 용서하지 마십시오
저는 아내를 너무 많이, 너무 오래 속이며 살았습니다
그 사람 눈을 속이고 귀를 속이고
마음마저 속이며 살았습니다
그러나 그 사람은 한 번도 저를 속인 적이 없습니다
한 번도 저를 의심하지 않았습니다
하나님, 천국이 있다면 천국에 갈 사람은 아내이고
지옥이 있다면 지옥에 갈 사람은 저입니다
아내는 한평생 살면서 오직 한 사람
저만을 사랑한 사람입니다

그러나 저는 그것이 사랑인지는 모르겠으나

너무나도 많은 사람을 두리번거리며 살았습니다

그것이 더러는 아내 되는 사람에게

마음에 상처가 되고 슬픔이 되기도 했습니다

하오나 하나님, 다시 한번만 용서해 주옵소서

간교한 핑계입니다만

제가 지옥에 가면 아내 되는 사람이

너무나도 슬퍼할 것이 분명하기 때문입니다

끝내는 천국을 천국으로 살지 못할 것이기 때문입니다

하오나 하나님, 이번에도 제 뜻대로 하지 마시고

하나님 뜻대로 하시옵소서.

지금은 엄동

지금은 엄동
그것도 깊은 밤
창밖에 눈바람 설치는데
자다가 깨어 울었다
노래가 슬퍼서도 아니고
첫사랑 생각 나서도 아니고
다만 안방 침대에서
혼자 누워 자고 있는 아내
생각에 울었다
언젠가는 저 사람 두고
내가 먼저 가든지
저 사람 먼저 가고
나 혼자 남든지 그럴 텐데

먼저 떠나는 사람이나

뒤에 남을 사람이나

서로가 불쌍해서 어쩌나

자다가 깨어 소리 내어 울었다.

안녕 안녕
_세모

이루고 싶은 일이 어찌

한두 가지뿐이었겠느냐

이루지 못한 것이 어찌

한두 가지뿐이었겠느냐

그래도, 그래도 말이다

한 해 동안 열두 달 한날같이

밥 잘 먹고 잠도 잘 자고

가끔은 보고 싶은 사람들도 보고

하고 싶은 일도 좀 하면서

살았지 않느냐

지나간 날들 함께 한 일들

만났던 사람들에게

이제는 손을 들어 인사할 때야

안녕 안녕

우리 다시 만나지 못하더라도

이것으로 좋았다고

이만큼이라도 고마웠다고

인사해야지

안녕 안녕 안녕.

여름 한낮

또다시 더운 여름날 오후
흰 구름 먹구름 피어올라
더욱 높아진 하늘

어머니 아버지 그곳에서
창문 열고 이쪽을 보고 계신다
그 뒤로는 외할머니 얼굴도
흐릿하게 웃고 계신다

푸릇푸릇 물이 들어 키가 자란
나무에 기대어 나도
하나의 키 큰 나무 되고 싶어 한다.

몇 년
_꿈에 쓴 시

어머니 먼저 가시고

몇 년

아버지 따라가시고

또 몇 년

비어 있는 고향 집 마당

그래도 봉숭아꽃 씨앗 저 혼자

싹이 나고 자라

꽃 피었구나

씨앗까지 조로록 맺었구나

어머니, 어머니 본 듯
봉숭아 씨앗 받아 가야지
아버지, 아버지 본 듯
봉숭아꽃 아래 조약돌 하나
집어 가야지

어디선가 낯선 개가
컹컹 짖었다.

종일재가

어떤 아들이 아버지 세상 뜨신 뒤
부친의 유품을 정리하다가
일기장이 있어 살펴봤는데
말년의 일기 가운데
가장 많이 눈에 띄는 문장은
종일재가 終日在家
자기도 한 번 아버지의
종일재가가 궁금하여
종일재가란 것을
실천해 보았다 한다
하루 종일 집에 머물며
아무 데도 가지 않고

아무도 만나지 않고
특별한 일도 하지 않고 보낸 날
아버지는 어떻게 그렇게
어려운 종일재가란 것을
많이도 하셨을까?
아버지의 적막하고 따분하고
지루하기만 했던 하루하루여!
그걸 아들은 비로소 조금
짐작할 수 있었다 그런다.

고향 집 동백

어머니 세상 뜨시고 6년
아버지마저 세상 뜨신 건 작년 5월
또다시 어렵사리 봄은 와서
막동리 고향 집 아버지네 집
버려둔 지 1년도 넘어
사람 그림자 없어 혼자
외롭게 숨만 쉬고 있을 옛집
뜨락 한 구석지 동백꽃
새빨간 꽃 올해도 어렵사리 피웠겠다
여러 번 꺾이고 뭉개지고 비틀려서
키도 제대로 자라지 못하고 볼품도 없는 동백꽃

너무나도 나를 닮은 동백꽃

그래도 붉고도 붉은 동백꽃

여러 송이 그 몸에 매달고

나도 꽃피웠어요 꽃 피웠다구요

붉은 울음 속에 샛노란 웃음

잠시 수줍게 보여주면서 고향 집

저 혼자 지키고 있겠다

멀리서 나만 혼자 애달프다 구슬프다.

들판 쪽으로
_그 역시 꿈에 쓴 시

애야, 너는 왜 벼가 저렇게 쓰러지게 잘 되었는데
한 번도 논에 가볼 생각도 안 하고 그러느냐?
너무 무심한 거 아니냐?
아버지 들판 쪽을 바라보며 말씀하셨다
아버지, 저는 우리 집 논이 어디쯤인지도 몰라요
그래? 내가 너에게 논을 통째로 주지 않았더냐?
아니에요, 아버지
농지정리 마치고 그 논 동생들 앞으로 등기 내주셨잖아요
저한테는 집터와 텃밭만 주셨구요
내가 그랬던가?
아버지 다시 멍하니 들판 쪽으로만 눈길을 주고 계셨다
나도 아버지 따라 멍하니 들판 쪽만 바라보고 있었다
가을날 저녁 햇살에 쓰러지게 잘 자라서 익은
벼들이 더욱 노랗게 눈부시게 보였다.

비애

봄이 오고 꽃 피어
울고 싶을 때 젊어서는
문득 만나 술 한 잔 나누고 싶은
남자 친구가 더러는 있었는데

가을이 와 낙엽 지고
쓸쓸할 날은 나이 들어서도
문득 만나 맑은 차 한 잔 나누고 싶은
여자 이웃도 더러는 있었는데

이제는 아무리 둘러봐도
이름 불러 내세울 사람
하나도 없으니
이를 어쩌면 좋나!

호스피스

미안해요

고마웠어요

— 한동안 머뭇거리다가

사, 랑, 했어요.

몰랐던 사람처럼

떠나가네 떠나가네
몰랐던 사람처럼 손을 놓고
잘 있으란 말도 없이
떠나가네 떠나가네

멀어지네 멀어지네
만나지 않았던 사람처럼 고개 돌리고
뒤돌아보지도 않고
멀어지네 멀어지네

그래도 가는 사람
뒤돌아보지 않고
손 흔들지 않아도
속으로는 울고 있을 거야
속으로는 생각하고 있을 거야

잘 가세요 잘 가세요

더는 아프지 말고

배 고프지 말고

마음 부디 아프지 말고

잘 가요 잘 가세요

우리도 뒤따라가

만날 거예요

꽃그늘 아래 나무 아래서

샘물 곁에서.

우두커니

오늘도 나는
당신이 보고 싶어
먼 산을 보고
먼 하늘을 봅니다

우두커니
다시, 우두커니.

불을 켜놓고 잠들며

까닭 없이 안타깝고
외롭고 서글픈 날은
저녁에 잠을 잘 때도 불을 켜놓은 채
잠들 때 있다

누군가가 나 자는 모습
지켜봐 줄 것만 같아서
아니, 지켜봐 주기를 바라면서
이불 위에 불빛을 한 겹
더 덮고 눈을 감으면

어디선가 부드러운 손이 찾아와
내 어지러운 이마를 짚고
들리지 않는 소리로
자장가라도 불러줄 것만 같아서

잘 자라 우리 애기 잘 자라
잘 자서 꿈나라 고운 나라
찾아가고
내일도 좋은 아침, 잠을 깨어
일어나거라.

4

마음만은
그자리

나란히
세워두기로

더는 묻지 않았다

누군가 지나가는 말투로 물었다
요즘 어떻게 지내느냐고
나는 늙어가면서 더욱 바쁘다고 말했다
무엇이 그리 바쁘냐고 그가 다시 물었다
앓느라고 바쁘고
늙느라고 바쁘고
인생살이 정리하느라고
바쁘다고 말했다
그게 왜 바쁜 일이냐고 물었다
나는 그뿐만 아니라
문학관 정원의 잡초 뽑아주는 일이 바쁘고
독자들이 가져오는 시집에 사인해 주는 일이 바쁘고
가끔은 하늘 흰 구름 바라보는 일이 바쁘고
지나가는 바람 만나는 일이 바쁘다고 말했다
그러자 그는 어이없다는 듯 더는 묻지 않았다.

행복

지구에서의 날들이
너무 빨리 간다

당신하고의 날들은
더욱 빨리 간다

그런 날들을 나는 오늘
행복이라 부른다.

화양연화

잠깐이어요

눈 깜짝할 사이

당신이 내 곁에

잠시 앉아있는 사이

잠시 숨소리 들려주는 사이

우리 둘이 눈을 맞추며

서툰 표정으로 웃고 있는 사이

잠깐이어요
우리의 사랑도
우리의 슬픔도
가을이나 봄날의 저녁 무렵
창문에 어리는 햇빛
결코 오래 가지 않아요
까무룩 사라지고 말지요

잠깐이어서 아름답고 서럽고
사라지기에 사무치도록 그리운 게
우리들 사랑이고 인생이지요.

11월에 만나요

우리 겨울에 만나요
네, 11월이 좋겠어요
나무도 쉬고 풀들도 쉬는 계절
사람도 쉬고 싶고
또 쉬어야 하겠지요
아니에요, 조금쯤
다시금 보고 싶은 마음
그리움도 돌아와주겠지요
그렇군요

무더운 여름 지친 여름은

사람도 짐승도 그리고

벌레들도

자라고 일하고 사랑하고 그러다가

지쳐 쓰러지기도 하겠지요

그래요, 우리

나무도 풀들도 벌레도

편안하게 쉬기 시작하는

11월에 한 번 천천히

숨 쉬면서 만나요.

오래된 그림 · 1
_고양이가 있는

으스름달밤

뒤울안 대숲에

고양이 울음

배고파

젖 달라 보채는

애기의 울음

아무래도 봄이 다시

오려나 보다.

부산역 플랫폼

끝까지 안 가고
그 자리
부산역 플랫폼 그 자리

기차가 떠날 때까지
기다리고 있을 줄 몰랐지

문득
건너다보이는 차창 너머
웃는 꽃 한 송이
손 흔들며 웃는 꽃 한 송이

기차는 떠나도 나는 못 간다
마음만은 그 자리
나란히 세워두기로 한다.

멀리서

아무래도 내가 너를
사랑했나 보다
아니, 네가 나를 더
사랑했나 보다
그런 생각을 하면
눈물이 나려고 하고
울음이 솟으려 한다

지금은 멀리서 내가 슬프다.

지구 여행길

날마다 새롭게 날마다 새롭게
다시 날마다 새롭게
옛 말씀이지만
그 말씀 오늘에 새롭게
또 새롭게 새긴다

어제저녁 나는 마음이 어두웠고
잠을 자면서도 악몽에 시달렸고
또 다리까지 부어
마음이 무거웠지만

아침에 잠을 깨어보니
부은 다리가 좋아졌을뿐더러
날씨까지 화창하고
맑은 하늘 구름까지 높아
얼마나 좋은가

어젯밤 마음이 어두웠기에
더욱 밝은 오늘 하루
나는 또 즐겁게 하루치기
여행을 떠난다

언제나 지구 위에서
마지막일지도 모르는
오늘 하루 지구 여행길.

중년 시절

계절이 바뀌어
새로 옷 꺼내입고
골목길 전봇대 아래 서서
바지에 손 찌르고 하늘을 올려다보면
아, 나는 배역이 너무 많아서
슬펐던 사람

누군가의 아들
누군가의 남편
누군가의 아버지
누군가의 친구
누군가의 직장 동료
누군가의 이웃
그리고 알아주지도 않는
시골 시인

하나씩 길바닥에 벗어놓고 싶었는데

그때나 이때나 나는

짐 탐이 많은 사람

가방이 너무 무거웠었다.

책의 정자세

책도 눕는 걸 좋아한다
책 보관의 정자세는 책을 모로 세우는 게 아니라
바닥에 편안히 눕히는 것이다
듣는 순간 마음속에 이상한 울림이 왔다
그렇구나 책이 본래 나무였지
그것도 베어진 나무였지
살았을 때는 하늘 향해 곧추서 있었으나
베어진 뒤로는 땅바닥에 길게 뉘어져 있었지
베어진 나무를 떠올리자 이내 책의 정사세가
이해되었다
책도 눕고 싶어 한다
누워있을 때 책이 제일로 편안해 한다

참 나는 아직도 모르는 게 너무 많다.

공터

낡고 오래된 집 하나
그 옆의 공터는 늘 깨끗했다

젊은이들이 담배꽁초를 버리고
나무가 낙엽을 떨구고
지나가던 바람이
비닐 봉투를 남기고 가도
공터는 늘 깨끗했다

그런데 어느 날부턴가

공터에 쓰레기가 쌓이기 시작했다

누군가의 말에 의하면

낡고 오래된 집에

혼자 살던 남자 노인이

세상을 떠난 뒤로부터 그랬다 한다

공터는 이제 정말로 공터가 되었다.

동행

못나게시리 세상 한 귀퉁이
아무도 모르게 주저앉아
눈물 훔치고 있겠지
살아가다가 더러는
하늘 보며
훌쩍이기도 하겠지
나 떠난 뒤라도 비록
그가 가는 길 끝까지 가기를
그래야 동행이지
혼자 간다고 어찌
혼자 간다 할 수 있겠나
혼자 가도 마음속
함께 가면 동행이지
암 그렇구 말구
동행이구 말구.

낡은 옷

낡아서 버릴 때가 된
옷을 보면 슬퍼진다
머잖아 지구에서 버려질
나를 보는 것만 같아서.

더 걱정

꽃나무 꽃필 때 알아보고
과일나무 과일 익을 때 알아보고
사람은 죽고 난 다음에 알아본다

어찌할 텐가?
하루하루 걱정이고
살고 난 뒤가 더 걱정이다.

새해 들어

아직도 읽어야 할 책이
산더미처럼 많다는 것은
내게 희망이 남았다는 말이다

아직도 쓰고 싶은 글이
가슴에 많이 남았다는 것은
더욱 내게 희망이 남았다는 말이다

그러나 아직도 만나고 싶은 사람이
세상에 많고 많다는 것이
희망인지 아닌지는 잘 모르겠다.

마주 보며

몸이 통째로 눈동자 속으로
빨려 들어갈 것 같네

그렇다면 너의 눈은
커다란 호수
나의 몸은 조그만 돌멩이

어찌꺼나야!
몸이 점점 작아져서
모래알로 변하고 말았네.

자연사

오래 묵은 책장
해묵은 책들
정리하다가 놀란다
오래된 책일수록 몸피에 비해
무게가 가벼웠던 것
책들도 오래 살면 살수록
몸무게를 줄이는구나
그렇구나
그러다가 어느 시점에서는
부서져서 가루가 되기도
하는 거겠지.

낯선 기차역에서

이만큼에서 멈추어야 한다

우리의 사랑

우리의 염려

우리의 기쁨

조금씩 잊어버려야 한다

재잘재잘 즐겁게

이야기하며 타고 가던 기차

잠시 내려 서성인

기차 정거장

하늘 높이 자라난

자작나무 수풀

자작나무 수풀 높은 가지에

높이 걸린 흰 구름

어디선가 들리는 새소리

하늘 속에선가

바람 속에선가

아, 흰 구름 속에선가

까마득 들리던 새소리

고개 돌리고 또 고개 돌려

찾아도 찾을 수 없던 새소리

그곳에 두고 오듯

우리의 사랑

우리의 슬픔

우리의 고뇌

아 가슴 벅차던 한때

우리의 기쁨

이제는 잊어야 한다

그리하여 끝내 좋은

추억이 되도록 하여야 한다

좋았지요

당신 사랑했지요

때로는 우리가 서로

가슴 아프기도 했지요

그 모든 마음들 가슴에 끌어안아

늙은 나무 나이테

핏빛 무늬가 되게 해야 한다

낯선 기차역에서

기차를 멀리 먼저 보내고

터덜터덜 햇빛 밝은 길

걸어가면서

어디선가 들리는 거라냐?

고개를 돌리고 돌려

두리번두리번

새소리를 찾아가면서.

이소

아버지 98년 동안 지키며 살다가
떠나신 고향 집

아버지 돌보던 남동생마저
무릎 수술하겠다
자기 집으로 돌아간 고향 집

겨우 두 달 비웠을 뿐인데
그 사이

텃밭에 수풀처럼 자라난 잡초

마당에도 사람 키만큼 자란

개망초

새끼 새들 자라 차례로

둥지를 뜨고

어미 새마저 집을 비우곤 떠난

새 둥지, 다름 아니다.

볕 바른 창가

먹고 싶은 거 없어서 좋다
입고 싶은 옷 없어서 좋다
나이 들어 갖고 싶은 것 줄고
가고 싶은 곳 줄어들어
더욱 좋다
그런데 말이다
살아갈수록 보고 싶은 사람
많아지니
이걸 어쩌면 좋으냐
어쩌면 좋으냐
봄 햇빛 새롭게 밝은
봄 햇빛 속에
중얼거린다
햇빛에게 봄 햇빛에게
통사정하듯 말해본다.

인생 실수

캐나다 늦은 5월
연초록 나무 나무
울먹울먹 슬프다
모처럼 비에 더욱
짙어지는 풀빛 언덕
울먹울먹 더욱 슬프다
나는 여기 멀리
문학강연 여행 왔는데
아버지는 나 없은 사이
하늘나라로
여행 떠나셨다는 소식
아, 이 막막한 인생의 실수를
어찌면 좋단 말이냐!

환절기

고요한 날 풀숲에
불쑥불쑥 떨어져 눕는
가을 열매들처럼
불쑥불쑥 소식 없이 떠나는
아는 이름들

적막하다
참, 사람 사는 일 덧없다
쓸쓸, 오늘 나는
비로소 혼자다.

꿈길에

그 사람밖에는 아무도
사랑하지 않아도
좋았을 것을

이 사람 저 사람
두리번거리다가 그만
그 사랑 떠나고

그 사랑 위해 우네
다시금 그 사람
내게로 돌아오라고

사랑 잃고 우네
내게 다시 돌아오라고
손 모아 기도하며 우네.

자다가 깨어

배고프면 밥 먹고
추우면 옷 입고
보고프면 기차나 자동차 타면 되었는데
이제는 비행기 타고서도 갈 수 없는 나라
이사 간 사람들
하나둘 늘어가니
이를 어찌면 좋단 말이냐
이를 어찌면 좋단 말이냐

자다가 깨어 핸드폰 열고
보낼 길 없는 문자를 쓴다.

멀리 주신 말씀

엉겁결에 떠난 캐나다

문학강연 여행길

엉겁결에 듣는 모국의

아버지 소천 소식

이럴 수도 저럴 수도 없을 때

오래된 사람

오래 만나고

오래 이야기한 사람

오래 생각나는 사람

들려준 말씀

슬픔이란 끝이 없지요

강물 같아요

한꺼번에 홍수처럼 흐르게

하지 말고

천천히 흐르게 하세요

오래오래 꺼내보며

슬퍼하세요

그래도 슬픔은 바닥나지 않고

슬픔은 낡아지지 않아요

그 말씀 가슴에 안고

넓은 들 드높은 산

거기 빽빽한 나무들

초록빛 다시 보니

겨우겨우 숨결이

편안해진다.

나무에게

바람이 부는데
하늘이 높은데
구름이 가는데

너도 울음을
참고 있는 거니?

아니, 나 보고 싶은 마음
참으며 속으로
울고 있는 거니?

우체통

시는 편지다
울음이다
그때는 왜 그랬을까?
그리운 화살로 뜨겁게 떠나서
자주 돌아오지 않았다
더러 돌아오는 그리움이
시가 되어주기도 했었다.

점점 혼자다

문득 바라보면 또 한 사람 없다
누군가 서 있던 자리가 비었다

빽빽이 서 있던 숲속의 나무들
듬성듬성 베어지는 꼴이다

이러다가 언젠가는
나조차 없어지는 날이 오겠지

그러면 무심히 사람들 핸드폰
전화번호에서 나를 지울 것이다.

5

좋은 사람
한 사람

찾아온
날에

예쁘다

예쁘다
예쁘다

예쁘다고
말하니까
더 예쁘다.

미루나무

팔짱을 끼고
등을 기대었더니
하늘이 더 넓게 보인다.

오르골

나는 지금도 장난감을 산다
손주를 위해서가 아니라
나를 위해서 산다

그건 내 마음속 깊이 아직도
장난감을 그리워하는
한 아이가 살고 있기 때문이다.

멈춘 자리

가다가 바쁘게 가다가
멈춘 자리
민들레가 보였다

가다가 힘겹게 가다가
멈춘 자리
산이 하나 보였다

쉬엄쉬엄 가시게
가다가 가다가 멈춘 자리
내가 있었다

조그만 시가 하나 기다리다가
송곳니를 드러내 보이며 웃었다
아저씨 안녕!

봄은 혼자 오지 않는다 · 2

민들레꽃이 웃고 있었다면
네가 먼저 웃고 있었던 거다

새들이 노래하고 있었다면
네가 먼저 노래하고 있었던 거다

세상이 예쁘다고?
그렇다면 네 마음속 세상이
먼저 예뻤던 거다.

안부

거기 너 잠시
잘 있고

나 여기 잠시
또 잘 있으니

오늘은 이것으로
만족

잠시 하늘
우러러도 좋겠다.

걸어갑니다 · 1
_골목길

하얀 머리칼
두 여자가 걸어갑니다

한 여자는 오래 살아
하얀 머리칼이고
한 여자는 물을 들여
하얀 머리칼

오리처럼 뒤뚱거리는
하얀 머리칼을
뒤뚱거리지 않는
하얀 머리칼이
부축하며 걸어갑니다

골목길이 잠시 환합니다.

걸어갑니다 · 2
_마당

일요일 예배 끝낸
교회 마당

햇빛 환한 교회 마당에
젊은 엄마가 두 아이 손을 잡고
걸어갑니다

딸아이 아들아이
이어서 손을 잡고
빨랫줄에 널린 빨래처럼
출렁출렁 기분 좋게
걸어갑니다

햇빛도 바람도 조심조심
따라갑니다.

찬양

노래 부르는 입술이
웃음을 문 꽃 같네

노래 대신 웃음의 꽃을
하늘로 올려 보내네

더욱 하늘이
파랗게 물드네.

별밤에

별빛이 소낙비처럼
쏟아지는 밤

굴참나무 잎새 두 개
따다가 귀에 대면

내 귀는 그대로
우주의 안테나

맑게 살리라
사랑하며 살리라

은하수 밖 태양계 밖
우주의 소리를 듣는다

그래 그래 그래
산들이 고개 끄득여주고

강물도 입술 반짝이며
엿듣고 있다.

이쁘다

예쁘다 예쁘다
언니가 말할 때는
예쁘다
날 보고 예쁘다
그러고요

이쁘다 이쁘다
할머니가 말할 때는
이쁘다
날 보고 이쁘다
그래요

예쁘다
이쁘다
다 좋지만
나는 나는
이쁘다가
더 좋아요

이쁘다가
더 예쁜 것
같아요.

꿈꾼다 · 2

잘 자라 내 사랑
내 어여쁜 사람
너로 하여 내가 숨을 쉬고
밥을 먹고
하늘 보고 미소 짓기도 한다

잘 자라 내 사랑
내 어여쁜 생명
너로 하여 내가 날마다 살고
날마다 좋은 세상
꿈을 꾼단다

내일도 주시는 하루
하루의 복판에서 너를
다시 만나서 웃고
다시 가슴 설레고
눈물 글썽이기도 하겠지.

콩나물국밥

배가 고파서도 찾지만
마음이 고플 때 자주 찾는다
입술과 혀에 닿는
따끈하고 시원한 국물
콩나물에 몸을 섞은 오돌한 쌀알
후룩 후루룩 소리 내며 한 그릇 뚝딱
그릇, 투가리 그릇 비우고 나면
저절로 느긋해지는 마음
세상이 다 환해지리

살맛이 조금씩 돌아오고

눈빛이 부드러워지고

마음 또한 너그러워지리

친구여 그런 뒤에 우리 만나서

이야기함세

꼬인 이야기도 그쯤이면 절로

풀리지 않겠는가.

자연

가을은 울긋불긋
그중에서도 은행잎의
노랑이 최고
그래서 가을은 노랑색 당첨

겨울은 단순 무채색
검정 아니면 하양
그중에서도 눈 온 날의
하양이 최고
그래서 겨울은 하얀색 당첨

지루하게 기다려지는 봄은

아무래도 알록달록

그중에서도 진달래 복사꽃

분홍이 최고

그래서 봄은 분홍색 당첨

물어보나 여름은 초록,

초록빛 세상

그래 너희들끼리 어울려 빙글빙글

판을 돌리며

잘들 살거라

그것이 또 하나 우리들

소망이고 생명이고 사랑이란다.

오랜 사랑

보고 싶었다
생각이 났다

너는 안 그러냐?

언제나 처음
말하는 것처럼 말하고

언제나 처음
듣는 것처럼 듣는다.

제주 카멜리아힐

왜 이제 왔느냐?
왜 이리 늦었느냐?
지는 꽃이 울먹이고

이제라도 왔으니
반갑다고 좋다고
피는 꽃이 웃는다

그렇다면 나는
지는 꽃이냐?
네 앞에서 피는 꽃이냐?

영춘화

얼렐레, 벌써 꽃 폈네

좋은 사람 한 사람

찾아온 날에.

축도

만약에 말이다
내가 바다 위 천 길 낭떠러지에서
무작정 무방비 상태로 떨어지는
한 개 빗방울이거나 돌멩이였다 치자
그때 겁을 집어먹고 벌벌 떠는 게 아니라
다만 마음속으로 간절히
바닷물 위에 사뿐히 내려앉거나
서 있을 수 있을 거라고 굳게 믿고
바라고 기도했을 때 스르륵
방석이나 널따란 판자 같은 것이
어디선가 날아와
사뿐히 나를 바닷물 위에 앉게 하거나
서 있을 수 있게 한다면
얼마나 좋을까!

그런 행운과 기적이 너에게 오기를

때로는 나에게도 찾아오기를

두 손 모아 기도하고 빈다.

제민천

비 며칠 호되게 내리고
다시 햇빛 밝은 날
자전거를 타고
개울길을 따라간다는 것은
생명을 따라 내려가는 일이고
잠시 세상을 따라가는 일이다
세상에 헌신하는 일이고 순응하는 일이다
이 얼마나 좋은 일인가!

더구나 하루를 보내고 저녁때

지친 자전거를 타고

개울길을 거슬러 올라간다는 일은

힘들기는 하지만

잠시 보람 있는 일이다

그것은 잠시 세상을 역행하는 일이기는 하지만

더욱 생명에 노력해 보는 일이고

봉사해 보는 일이고 용기를 내는 일이다.

이 얼마나 보람찬 일인가!

보아라 저기
개울물 한 가운데
물오리 두 마리 짝을 지어
개울물을 거슬러 오르고 따르고
하는 거
이야말로 생명에 대한 찬성 아닌가!

풀꽃문학관에 바란다

무엇보다 먼저 커다란, 커다란 쓰레기통이 되기를 바란다

쓰레기통이라도 마음의 쓰레기통

마음의 쓰레기가 가득한 사람들 와서 버리고 버려도

넘치지 않는 하늘 같은 쓰레기통

그러고는, 커다란 커다란 세탁소나 빨래터가 되기를 부탁한다

마음이 후질러진 사람들 산더미 같은 빨랫감 안고 와서

빨고 빨아도 물이 모자라지 않고 더럽혀지지도 않는 세탁소나 빨래터

나아가, 힘 좋은 충전소 전기 충전소 되기를 요구한다
세상살이 고달파 마음의 건전지 바닥난 사람들
떼 지어 몰려와 플러그를 한꺼번에 꽂아도
전기가 바닥나지 않는 강력한 전기 충전소
그래서, 사람들 모두 우리 문학관 다녀갈 때는 밝은 마음
거뜬하고도 상쾌한 몸이 되어 새처럼 훨훨 날아
다시 자기들 세상 속으로 힘차게 돌아가기를 소망한다.

네가 그대로

봄 오자 모처럼

맑은 목소리

개인 하늘 푸른 목소리

왜 그럴까?

아

구례 산수유꽃축제

꽃구경

다녀오는 길이라고!

그래그래

네가 산수유꽃이었겠다

겨울을 이기고 노랗게

노랗게 옹알이하며

뽀골뽀골 옹알이

개인 봄하늘 풀어놓는

네가 그대로

산수유꽃이었겠다.

모퉁이길

저 너머 무언가 있을 것 같고
누군가 기다릴 것만 같아서
마음이 저절로 간다.

까닭

너는 내가
세상에 없을 때
나를 말해줄 사람

세상 사람들 나를 가리켜
이런 사람이라고 말할 때
네가 나서서 그런 게 아니고
저런 사람이었다고 말해줄 사람

그래서 내가 너를 사랑한단다
나를 대신해서 나를
살아줄 사람이라서
너를 사랑하는 거란다.

달항아리

하늘을, 땅을 안았다 할까요?
낳을 수도 견딜 수도 없는
달님 아기를 품었다 할까요?
아니지요 아니지요
그냥 대지를 맨몸으로
뒹굴고만 싶은 충동
그냥 당신을 당신 영혼을
안았다고만 그럴게요.

80의 꿈

이제 나의 나이는 80
그래도 나는 꿈을 꾼다
첫째는 내가 죽었을 때
나의 가족이나 친지,
가까운 이웃들이 슬퍼하는 것이 아니라
보다 먼 사람
내가 모르는 사람
더구나 어린 사람들이 슬퍼해 주는 일이다
저 시인이 새롭게 쓰는 시를
우리가 읽지 못해 얼마나 섭섭하냐!
그렇게 말해주는 것이 꿈이다

나아가 또 하나의 꿈은

세계의 선량하고도 젊은 영혼들이

우리나라 글, 한글을 배워

한글로 나의 시를 직접 읽어주는 것이다

어찌 그런 꿈이 가당하기나 할까?

나날이 기울어 가는 지구의 자연

순간순간 망해가는 인류의 앞날을 두고

그게 무슨 망상이냐, 그런다 해도

나는 그런 꿈을 꾸겠다

그것이 세종 임금의 훈민정음

그 뜻을 따르는 길이라 믿는 까닭이다.

아무래도 다시 봄이 오려나 보다

1판 1쇄 발행 2025년 10월 30일
1판 3쇄 발행 2025년 12월 20일

지은이 나태주
그린이 박현정

발행인 양원석 **편집장** 최두은
디자인 조윤주, 김미선 **영업마케팅** 윤송, 김지현, 최현윤, 유민경, 김수윤

펴낸 곳 ㈜알에이치코리아
주소 서울시 금천구 가산디지털2로 53, 20층 (가산동, 한라시그마밸리)
편집문의 02-6443-8844 **도서문의** 02-6443-8800
홈페이지 http://rhk.co.kr
등록 2004년 1월 15일 제2-3726호

ISBN 978-89-255-7301-4 (03810)

※ 이 책은 ㈜알에이치코리아가 저작권자와의 계약에 따라 발행한 것이므로
  본사의 서면 허락 없이는 어떠한 형태나 수단으로도 이 책의 내용을 이용하지 못합니다.
※ 잘못된 책은 구입하신 서점에서 바꾸어 드립니다.
※ 책값은 뒤표지에 있습니다.